THiLO

OSTWIND

Ein Delfin braucht Hilfe

Basierend auf Figuren und Fabel von
Lea Schmidbauer und
Kristina Magdalena Henn

ALIAS ENTERTAINMENT

Dieses Buch wurde auf chlorfrei gebleichtem Papier gedruckt.

2. Auflage

Satz: fuxbux, Berlin
Umschlaggestaltung: tatendrang
Illustrationen: comicup
Druck: GGP Media GmbH, Pößneck
ISBN 978-3-940919-49-6

Inhalt

Mika und Ostwind sind mehr
als Pferd und Reiterin:
Die beiden sind Seelen-Verwandte.
Mika kann verstehen,
was Ostwind fühlt.
Und der wilde Ostwind spürt,
was in Mika vorgeht.
Es ist eine magische Verbindung!

Maria Kaltenbach ist Mikas Oma.
Sie war früher eine der besten
Springreiterinnen der Welt.
Doch nach einem Unfall
kann sie heute nicht mehr reiten.
Nun ist sie Trainerin.
Ihr gehört Gut Kaltenbach,
wo Mika immer ihre Ferien verbringt.

Sam ist Stallbursche
auf Gut Kaltenbach.
Er verspricht seiner Chefin
Maria Kaltenbach,
sich um Mika zu kümmern.
Sam ist ein feiner Kerl,
auf den Mika sich immer
verlassen kann.

Fanny ist Mikas beste Freundin.
Als Großstadt-Kind
hat sie mit Pferden
gar nichts am Hut.
Doch ihre pfiffigen Ideen
helfen Mika
in schwierigen Situationen.

1. Eine gelungene Überraschung

Mika stand im Stall
und schimpfte vor sich hin.
Ausmisten war nicht gerade
ihr größtes Hobby.

Und jetzt war auch noch
die Schubkarre umgekippt.
„Mist!“, fluchte sie.
Und kein Wort hätte
besser gepasst.

Da kam Ostwind
in die Boxengasse getrabt.
Als er das Unglück sah,
wieherte er lautstark.
Sofort war Mikas
gute Laune zurück.

„Lachst du mich
etwa aus, mein Süßer?“,
fragte sie.
Ostwind warf den Kopf
in den Nacken und schnaubte.

Sofort schmiegte
Mika sich an Ostwind.
„Hach, ich brauche
Urlaub“, sagte sie.
„Aber keiner von meinen
Freunden hat Zeit.“
Fanny musste lernen
und Sam arbeiten.

Plötzlich hupte
ein Auto auf dem Hof.

Ostwind stupste Mika
in die Seite.
„Du weißt, wer da kommt?“,
fragte Mika.
Ostwind nickte.

Also eilte sie zur Tür
und sah staunend
nach draußen.
Die Überraschung
war wirklich gelungen!

2. Ostwind muss mit!

Auf dem Hof von Gut Kaltenbach
hielt ein voll bepacktes Auto.
Mikas Eltern stiegen aus.
Sie umarmten ihre Tochter kräftig.

Seit sie Ostwind kannte,
war Mika, so oft es ging,
bei ihrer Oma.
Mindestens in allen Ferien!

„Wir sind unterwegs zur Ostsee“,
erklärte Mikas Mutter.
„Hast du auch Lust?“
Mikas Herz schlug schneller.
Sie liebte das Meer!

In Gedanken sah sie sich
schon am Strand reiten und …
Mika schluckte.
„Ich komme gerne mit“,
antwortete sie.
„Aber nur unter
einer Bedingung!“

Mikas Vater lachte.
„Klar nehmen wir
Ostwind mit!“, sagte er.
„Wir haben extra ein Haus
mit großer Wiese gemietet.“

Nur wenige Stunden später
kamen sie am Deich an.
Das Haus war wirklich herrlich!
Mika führte Ostwind
gleich auf seine Koppel.
„Riechst du das Meer?“,
fragte sie.

Als Antwort schnaubte
Ostwind zufrieden.

„Gleich morgen früh
schauen wir uns
die Ostsee an“,
versprach Mika.

3. Hilfe-Ruf

Am nächsten Morgen
streckte Mika sich im Bett.
Sie hatte herrlich geschlafen!

Nach einem Frühstück
mit ihren Eltern
lief sie gleich zu Ostwind.
Ihr Liebling sah auch
sehr entspannt aus.

„Komm, ab ans Meer!“,
rief Mika ihm zu.
Schon flog sie
auf Ostwinds Rücken
den Deich entlang.

Es war wunderbar!
Der Strand war
weiß wie Schnee.
Die Möwen kreischten.
Und in der Ferne
war ein alter Leuchtturm
zu sehen.

Doch an einem
Zufluss zum Meer
wurde der Hengst
plötzlich unruhig.

„Was ist da?“,
fragte Mika alarmiert.
Ostwind drehte sich
auf den Hinterläufen.
Dann galoppierte er
den Fluss entlang.

Als er langsamer wurde,
hörte Mika es auch.
„Da ruft ein Tier um Hilfe!“,
stammelte sie.

Mika bekam einen Riesenschreck.
In einem alten Fischernetz
hatte sich ein Tümmler verfangen.
Und er kam nicht mehr heraus!

4. Fiete weiß Bescheid

Mit einem Satz
sprang Mika vom Pferd.
Zum Glück ragte
das Blasloch des Delfins
aus dem Wasser.
So bekam er immerhin Luft.

Mika wusste genau:
Robben-Babys und Rehkitze
durfte man nicht anfassen.
Sonst erkannten die Mütter
sie nicht wieder.
Aber wie war das mit Delfinen?

Mika grübelte,
was sie tun sollte.
Da kam von den Häusern
in der Nähe
ein Junge angelaufen.

„Das ist kein Baby mehr“,
erkannte der Junge gleich.
„Wir können ihn berühren,
wenn es unbedingt nötig ist.“

Langsam näherten
sie sich dem Delfin.
„Hab keine Angst,
mein Guter“,
sagte der Junge ruhig.

„Ich heiße Fiete,
und das sind ...“
„Mika und Ostwind“,
stellte Mika sie vor.

Gemeinsam
befreiten sie
das Tier aus dem Netz.
Der Delfin zappelte
und schnatterte.
Er wollte wieder ins Meer.
Aber er konnte nicht.

Fiete zeigte auf
seine verletzte Schwanzflosse.
„Damit kommt er nicht weit“,
befürchtete Fiete.
„Jagen kann er so
auch nicht mehr.“

5. Rettungs-Aktion

Fiete wohnte zwar erst
seit einem halben Jahr
an der Ostsee.
Aber er kannte sich
schon gut aus.

„Hier gibt es eine
Auffang-Station",
erklärte er Mika.
„Die kümmert sich
um verletzte Meerestiere."

Mika rief sofort dort an.
Kurz darauf kam
ein Auto angebraust.

Zwei Frauen und zwei Männer
zogen ein starkes Tuch
unter den Delfin.

Zu sechst hoben sie
den Tümmler damit
aus dem Wasser.
Hinten auf dem Wagen
war ein Becken.
Vorsichtig ließen sie
den Delfin hineingleiten.

Das Tier war sehr aufgeregt.
Immer wieder versuchte es
herauszuspringen.

„So können wir nicht losfahren“,
sagte Linda, die ältere Frau.
„Delfine verirren sich
nur selten in die Ostsee.
Und so einen zappeligen
hatten wir noch nie.“

Da legte Ostwind
seinen Kopf
auf den Beckenrand.

Der Hengst schnaubte,
und sofort
beruhigte sich
der Delfin.

„Donnerwetter!“,
lobte Linda.
„Dein Pferd hat ja Superkräfte.
Kommt uns mal besuchen!“

Mika nickte stolz.
„Das machen wir!“,
rief sie den Leuten nach.

6. Auf der Pflege-Station

Gleich am nächsten Tag
ritt Mika zur Pflege-Station.
Ostwind musste
vor der Tür warten.

„Bin gleich zurück“,
versprach Mika.
Ostwind schnaubte.
„Okay, die Grüße richte ich
dem Delfin aus“,
lachte Mika.

Linda freute sich,
die beiden zu sehen.
Sie führte Mika
durch die ganze Station.
Mika kam aus dem Staunen
gar nicht mehr heraus.

Es gab Becken und Gehege
mit unzähligen Tieren.
Kegelrobben, Fischotter
und sogar ein Schweinswal
wurden hier gesund gepflegt.

In einem großen Gehege
waren Möwen, Enten
und Seeschwalben.
Sie hatten gebrochene Flügel
oder andere Verletzungen.

„Wir sind kein Zoo“,
erklärte Linda.
„Sobald die Tiere
gesund sind,
setzen wir
sie wieder aus.“

Am Ende ihres Rundgangs
stoppten die beiden
am Delfin-Becken.
Fiete saß auf
einem Stuhl daneben.

„Aber vielleicht wird Moby
nie mehr gesund“,
sagte er.
„Dann kann er doch
für immer hier bleiben, oder?“

7. Sorgen um Fiete

Auch in den nächsten Tagen
ritt Mika
bei der Station vorbei.
Fiete war immer dort.

Er las dem Delfin vor,
erzählte ihm Witze
oder hielt seine Hand
ins Wasser.

„Moby ist mein
bester Freund!“,
erklärte er Linda und Mika.
„Hoffentlich bleibt er
für immer hier!“

Auf dem Weg nach draußen schüttelte Linda den Kopf. „Moby geht es besser. Aber um Fiete mache ich mir Sorgen.“ „Er sagt, er hat keine anderen Freunde.“

Mika dachte lange
darüber nach.
Vom Ferienhaus aus
rief sie Fanny an.
Fanny wusste wie immer Rat.

„So eine besondere Beziehung
zu einem Tier ist toll“,
sagte Fanny.
„Aber Menschenfreunde
sind genauso wichtig.“

Mika lachte.
„Ja, das hast du mir
gerade wieder bewiesen!“,
antwortete sie.

Und dann schmiedeten
die beiden Freundinnen
einen richtig guten Plan.

8. Rätsel liebt jeder

Am nächsten Morgen
wollte Fiete wieder
zur Station gehen.
Doch an einem Zaun
in seiner Straße
hing ein Schild.

Darauf stand:

Mika und Ostwind
lauerten in einem Versteck.
„Rätsel liebt jeder“,
flüsterte Mika
ihrem Liebling ins Ohr.

Denn viele von Fietes Nachbarn
standen schon vor dem Schild.
„Machst du auch mit, Fiete?“,
fragte ein Mädchen.

Erst schüttelte
Fiete den Kopf.
Dann nickte er aber doch.

„Ich muss nur vorher
noch kurz Moby besuchen“,
sagte er.
Dann war er verschwunden.

Am Nachmittag kamen
zehn Mädchen und Jungen
zum Treffpunkt.
Nur kein Fiete.

Enttäuscht wollte Mika
schon ohne ihn anfangen.
Aber da wieherte Ostwind.

Fiete!
Völlig außer Atem
kam er angerannt.
Es konnte losgehen!

HEUTE GROßE SCHITZELJAGD
MIT
MIKA UND OSTWIND

9. Schnitzel-Jagd

Mit roten Köpfen
liefen die Kinder los.
Mika und Ostwind hatten
Pfeile auf die Wege gemalt.

„Die Spur führt zum Strand“,
glaubte Klara.

Mika ging neben
den Schatzsuchern her.
Ostwind passte
am Ende der Gruppe auf,
dass kein Kind
verloren ging.

Im Sand fand Antonia
einen Pfeil aus Muscheln.
„Da lang!“,
rief sie.

Unter einem Stück Treibholz
entdeckte Fiete ein Rätsel.
Das hatte sich
Fanny ausgedacht:

„Meine Streifen sind
rot und weiß –
wer kann erraten,
wie ich heiß?“

Lange grübelten die Kinder.
Dann jubelte Tom los.
„Der Schatz ist
am alten Leuchtturm!“

Und richtig!
Am Leuchtturm fanden sie
einen Grill und
jede Menge Maiskolben.
Mika briet sie als Belohnung.

„Morgen spielen wir Fußball“,
erzählte Kemal.
„Machst du mit, Fiete?“

Fiete nickte begeistert.
Dann schauten sich alle
den Sonnenuntergang an.

10. Neue Freunde

Eine Woche später
war es so weit.
Moby hatte sich
vollkommen erholt.

Ausgerechnet am
alten Leuchtturm
wurde der Delfin
wieder ins
Wasser gesetzt.

Mika, Ostwind und Fiete
mussten sich
von ihm verabschieden.

„Mach's gut, Moby",
sagte Fiete.
„Schön, dass ich
dich getroffen habe!"

Dann glitt Moby ins Wasser.
Sofort verschwand er
in der Tiefe.

Fiete seufzte schwer.
„Zum Glück habe ich
noch andere Freunde!“,
sagte er leise.
„Fußball spielen
und Schätze suchen
kann man mit Delfinen
ja nicht.“

Ostwind wieherte.
Und da sprang Moby
im hohen Bogen
aus dem Wasser.

Kurz darauf tauchte
sogar ein zweiter Delfin auf!

„Toll!“, schwärmte Linda.
„Moby hat seinen Freund wiedergefunden!“

Mika schmiegte sich an Ostwind.
„Und Fiete hat nun auch welche!
Das haben wir toll gemacht.“

Ostwind schnaubte.
Er war einverstanden.

OSTWIND –
Seehunde in Not

ISBN 978-3-940919-42-7

OSTWIND –
Das Zeltabenteuer

ISBN 978-3-940919-47-2

Außerdem in der OSTWIND-Reihe für Erstleser erschienen:

- *Für immer Freunde*
- *Die rettende Idee*
- *Das Turnier*
- *Weihnachten auf Kaltenbach*
- *Mikas großer Auftritt*
- *Eine zauberhafte Begegnung*
- *Das geheimnisvolle Brandzeichen*
- *Chaos auf dem Wintermarkt*
- *Das Rennen von Ora*
- *Das gestohlene Fohlen*
- *Spukalarm im Pferdestall*
- *Weihnachten mit Hindernissen*
- *Rätsel um Piccola*
- *Ein besonderes Weihnachtsgeschenk*
- *Abenteuer in den Bergen*
- *Wildtiere in Gefahr*